ZENSHO W. KOPP

El poder del silencio interior

En lo más profundo del corazón, en lo más íntimo, brilla una luz radiante que ilumina todo el universo como una llama eterna.

Esta luz eternamente radiante de la Mente Única es nuestro Sí-Mismo Verdadero y original. Está completamente separado de las diversas manifestaciones de una existencia ligada a lo espacio-temporal y a sus diversas formas de existencia.

El Zen se fundamenta en la confianza absoluta en la Verdadera Naturaleza del ser humano, abriendo el Ojo Interior al Gran Misterio de su Esencia Universal.

Si logras la Realización Plena, no experimentarás otra cosa que la Naturaleza Omnipresente de Buda, que ha estado junto a ti todo el tiempo, sin interrupción, como un observador silencioso detrás de toda experiencia.

Es tu pensamiento el que crea la idea de la temporalidad. Sin embargo, la Conciencia Pura del Ahora-Aquí está más alla de todo cambio.

Solo en el silencio interior se revelará tu Ser Verdadero. Porque solo en el silencio se revela el Ser Puro, tal como Es.

Cuando brilla la radiante Luz de la Mente, te reconoces a ti mismo en tu eternidad atemporal.

En lo más profundo del Corazón, no hay separación entre tú y la Realidad Divina.

Ahí estás unido a . La experiencia de esa Unidad es la Revelación de lo que siempre has sido .

Cuando te das cuenta de que la realidad del Ser Divino es amor puro, te experimentas como uno con todos los seres.

Porque el amor puro en la forma de Ser es el amor de la totalidad que todo lo abarca y que todo contiene en sí mismo.

La meditación no es un "hacer", porque tu Ser Verdadero "es" meditación.

Así que vuelve tu mente y mira tu Yo Verdadero, detrás de todo pensamiento y sentimiento.

En el momento en que te des cuenta de tu Verdadera Naturaleza, tu mente impregnará todo el universo.

La liberación del pensamiento habitual solo tiene lugar en el presente absoluto del Aquí y Ahora.

Cuando te ensimismas en el instante inmediato del Ahora, te contemplas en tu originario estado de la Mente.

En la Autoconciencia Pura de la Mente, tu mente penetra todo el Universo.

El Zen trata de experimentar la claridad espiritual conseguida en el silencio de la introspección, y la calma en el interior del Ser en medio del mundo, también durante nuestras actividades.

Sé plenamente consciente de ello Ahora-Aquí, y vive desde la plenitud del momento.

Porque la vida es demasiado corta para pasarla en estúpida rutina e inconsciencia indiferente.

La experiencia de nuestro Ser Verdadero es el gran punto de inflexión en la vida de una persona.

Es un tremendo bautismo de fuego del Espíritu que inunda nuestros corazones con el amor ilimitado del Ser Divino.

En esta liberación de todos los conceptos, entramos en la alegría ilimitada del Ser.

Tu Naturaleza verdadera es la inmortalidad más allá del espacio y del tiempo.

Sin embargo, tu experiencia del pasado, presente y futuro es tan fugaz como una hoja que pasara por tu ventana llevada por el viento del otoño.

Desvincúlate de la idea de un ego personal y reconoce tu Verdadero Sí-Mismo inmortal e imperecedero.

Como el yo-pensamiento es solo una ilusión, la mente debe, para disolver esta ilusión, volverse hacia adentro, a su fuente original, y elevarse en su origen.

La Realidad es en todo momento simplemente tal y como es. Solo hay un Ser y por lo tanto un solo Sí-Mismo, como la Única Realidad de la Mente Única.

¡Ahora-Aquí! En este momento, justo donde te encuentras, se te revela la Realidad. Solo puedes experimentar tu verdadero Ser en el Ahora.

Este es el único camino hacia la inmortalidad: despertar del sueño engendrado por
el ego del nacimiento, el envejecimiento, la
desesperación, la enfermedad, el dolor y

Es un gran error creer que nacimos y que
moriremos algún día, y que hay multitud de
diferentes criaturas y cosas.

Pues todo lo que existe es solo un sueño, sin
ninguna realidad.

La Conciencia Zen es un claro estado puro y cristalino de la Mente, en el que no existe nada más que la Inmediatez del momento presente.

Cada instante es solo un momento fugaz en la conciencia. Pero en la Conciencia cristalina de la Mente, el Ahora se vuelve Eternidad.

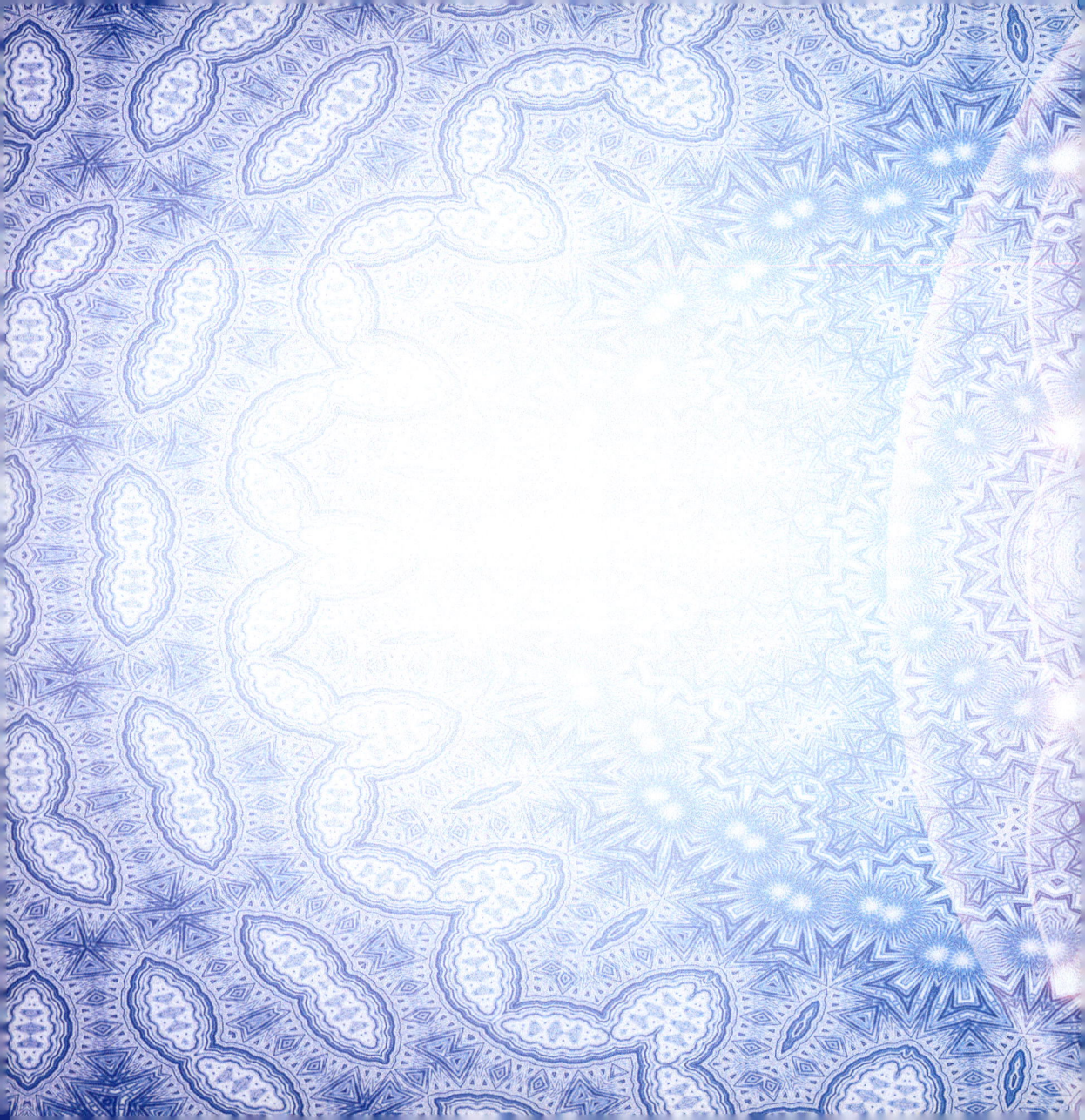

Detrás de tu pensamiento distintivo, brilla tu verdadera Esencia con una claridad inmutable. Es una presencia incesante que solo está tapada por tus pensamientos.

¿Por qué, entonces, debería uno buscar lo que siempre está presente en nuestro corazón más íntimo como nuestra propia joya radiante?

No existe una personalidad que se diferencie de otras personalidades individuales. Todas las olas en el mar son un único mar, por lo que todo es la Mente Única junto a la cual nada más existe.

Todo es Uno sin un dos en su totalidad que todo lo abarca.

Si deseas experimentar tu Naturaleza verdadera, tienes que girarte hacia tu interior inmediatamente. Si tu inmersión es lo suficientemente profunda, aparecerá la Sabiduría Trascendente.

Al acceder hacia tu verdadero Ser, te preguntas sobre todas las limitaciones de una existencia humana apegada a la tierra, y experimentas tu ascensión, por encima de la oscura niebla de las apariencias, hacia la Clara Luz de la Realidad.

El secreto profundo de tu Ser Verdadero se revela en lo más recóndito de tu corazón.

La radiante y omnipresente Luz de la Mente Única y el silencio infinito nunca se han interrumpido desde la eternidad.

Esta luz está completamente presente en cada ser humano, pero debido a su ceguera mental, se alejan de ella.

Un instante de Conciencia cristalina en vuestra mente es la Manifestación de la Naturaleza Búdica en vosotros.

Tu Esencia verdadera es el Ser Puro, la Conciencia Absoluta y la Felicidad sin límites. Dado que es la Fuente de todo gozo, no hay mayor felicidad que la Percepción de tu Sí mismo verdadero.

A través de la Claridad Mental, encuentras la Senda del Silencio interior.

Haz que tu mente sea amplia, abierta y clara, y déjala que fluya libremente sin detenerse en nada. Así te fusionarás con lo Sustancial y notarás la Sabiduría Inherente.

Cuando te identificas con el cuerpo y el ego, experimentas el mundo como algo separado y ajeno ti. Pero si reconoces tu Verdadero Sí-Mismo, entonces

Tu Verdadero Sí-Mismo es eternamente libre e intacto. El apego al cuerpo, a lacmente y al mundo afecta solo a tu mente subjetiva. Te liberas en cuanto el engaño del ego se extingue.

El verdadero Sí Mismo es el Ser que brilla fuera de sí, que descansa en sí, en el que todas las cosas están contenidas.

La verdad que estás buscando, está dentro de ti y al mismo tiempo se revela en todos los fenómenos.

Si has encontrado de nuevo tu Naturaleza Original, detén la impresión de separación y encontrarás una enorme paz.

La verdadera felicidad comienza donde termina la ilusión del ego.

No es posible experimentar la Realidad Divina y al mismo tiempo aferrarse a la concepción del ego.

En esta experiencia liberadora, no hay conocedor ni conocimiento ni conocido. Todo se disuelve en la radiante gloria del puro Ser.

De la idea del "Yo" surgen todos los pensamientos discriminatorios y, por tanto, infinidad de problemas.

Cuando la mente se vuelve silenciosa y clara, todo se detiene y te encuentras en la Paz perenne. En la pura y nítida conciencia de Sí Misma de la Mente no hay ni tú ni yo; y todo se revela como una Realidad Única.

Deja tu mente hundirse en la Profundidad insondable de tu Naturaleza verdadera, que la razón y el pensamiento no son capaces de alcanzar.

Cuando tu mente, libre de pensamientos, esté sumergida con plena tranquilidad y claridad en sí misma, la Luz del Verdadero Sí-Mismo irradiará en tu corazón, cual Reino de Dios.

La Verdadera Realización Espiritual es que tu discernimiento se encuentre inmerso en la Auto-Conciencia de la Mente, en cualquier lugar y en todo momento.

Realiza la inquebrantable Certeza interior de que tú, en tu Ser Verdadero, eres el imperecedero y eterno Sí-Mismo.

La experiencia de todo nuestro mundo no es más que un sueño, sin ningún tipo de realidad; así como también le sucede al soñador. Todo es solo un espectáculo ilusorio.

No hay fenómenos externos que no sean la Mente. Los fenómenos son destellos. Si los tomas como reales, serás engañado por ellos, que son un juego de la mente.

El esplendor del Ser Divino está perenne-mente presente, Puro y Silencioso, y se revela como una silenciosa, misteriosa y sosegada Alegría.

La Realidad de tu Ser verdadero la encuentras solo dentro de ti mismo. Todo brota de tu propio corazón.

El Zen consiste en alcanzar un Estado de conciencia de la constante, brillante y clara Auto-Conciencia plena en todas las actividades.

En la Conciencia plena absoluta del Aquí y Ahora percibirás que el momento presente es eterno.

Presta atención completa a todas las actividades de la vida cotidiana. De ese modo cada instante será significativo y valioso.

Cuando dejas que tu mente descanse constantemente en una autoconciencia no intencional, experimentas la conciencia original no dualista.

La Conciencia Pura y sin esfuerzo de la Mente es el estado original de tu mente, que no necesitas adquirir, sino dejar que simplemente acontezca.

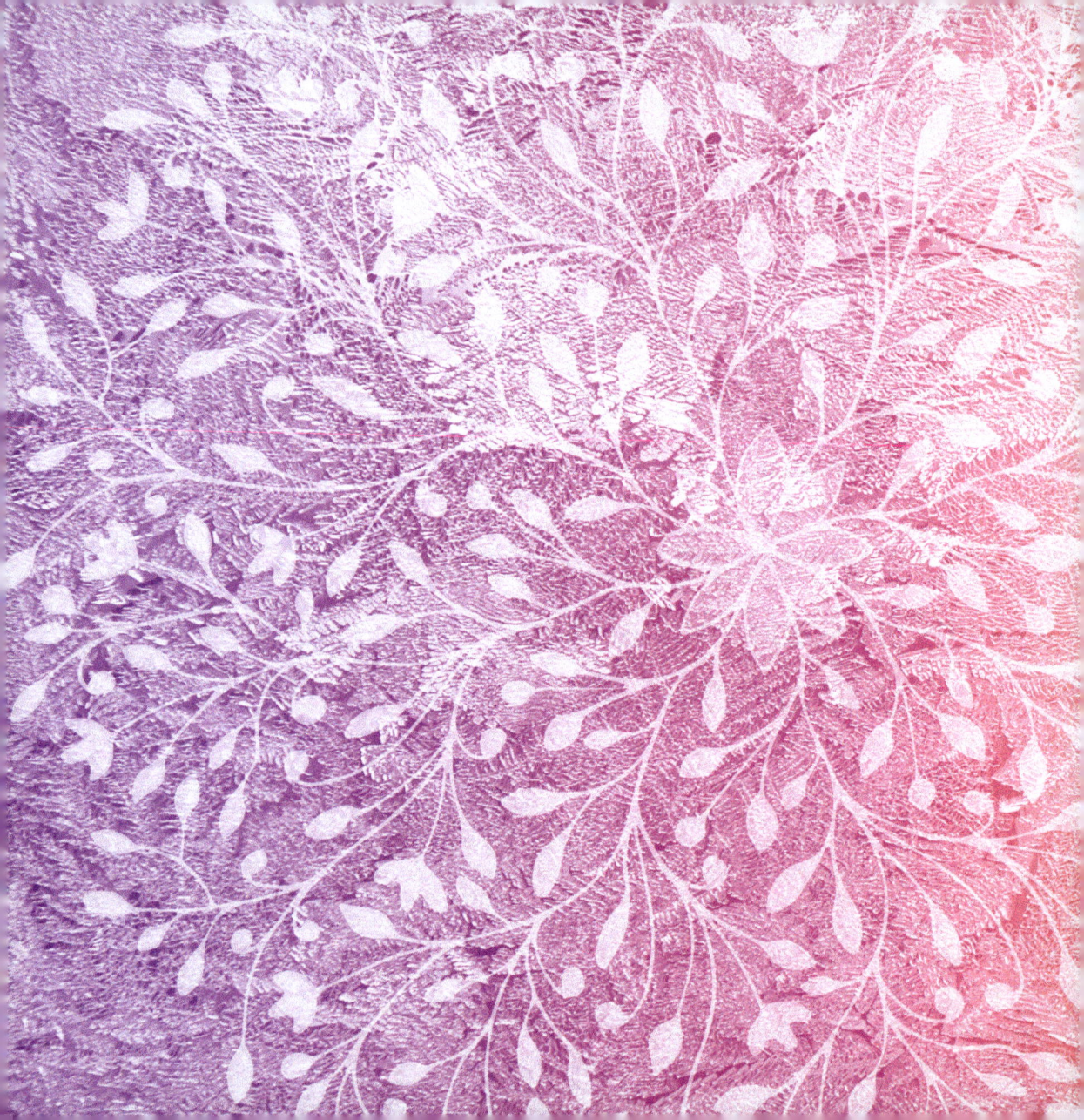

Un karma bueno o malo depende solo de tu apego a los conceptos. Si actuaras siempre sin apego al ego, entonces dejarías de acumular karma negativo.

Cuando la noción del ego desaparece por completo, permanece una conciencia ilimitada que se revela como el Ser Puro y Absoluto.

Encontrarte a ti mismo y experimentar tu Ser verdadero es el auténtico sentido de tu vida.

El ignorante limita su ser al cuerpo y a la ilusión de su yo. Sin embargo, el que ha despertado a la Realidad de su Yo-Mismo se experimenta como la Conciencia Universal que todo lo abarca.

La esclavitud y la liberación existen solo en la mente del ignorante. Sin embargo, el Ser Verdadero está eternamente libre de cualquier dualidad y de la única realidad.

El Despertado a la Realidad siempre es consciente de su Unidad con la Realidad Suprema. Disfruta sin cesar de la eterna Alegría de su Sí-Mismo Verdadero

Tu Esencia verdadera es la Realidad en todo y hace que todas las cosas sean evidentes. Es lo Supremo, la Fuente Originaria eterna de todo Ser, el Uno sin segundo.

Enfoca la Luz de la Conciencia espiritual hacia la Fuente primigenia de tu Ser Verdadero, que es pura alegría y felicidad.

A través del poder de la meditación, la distracción de la mente se disuelve y experimentas una conciencia infinitamente vacía, más allá de todo pensamiento, que es tu Verdadero Sí-Mismo inmortal.

Cuando tu mente está silenciosa y la corriente de pensamientos súbitamente se disuelve en la Conciencia cristalina, el estado originario de tu mente, que es la paz y la existencia dichosa, se revela.

La perfección del conocimiento es la experiencia de la Verdadera Naturaleza de tu propia mente en tu yo más profundo.

La Perfección Verdadera es un océano sin límites de sabiduría. El desconocimiento crea una confusión nefasta y sufrimiento sin fin.

La oración verdadera es muda inmersión total devota en el Principio Divino interior.

Cuanto más se vuelve una persona hacia lo Divino con amoroso anhelo, más se produce un desapego interno de todo, que la eleva a Dios.

La única cosa que es constante en el mundo es la inestabilidad. La vida pasa volando como un relámpago en el cielo. Así que usa todas tus fuerzas para percibir tu verdadero Sí-Mismo inmutable.

Que tu memoria preserve siempre la fugacidad de todo lo existente, ya que es tu mayor inspiración en la búsqueda de la Redención.

Para Experimentar la Verdad Suprema debes liberar tu mente de toda aceptación y rechazo para vaciarte y que te reconozcas a ti mismo con Dios.

El secreto de la inmortalidad solo lo puede comprender el puro de corazón que se sumerge en su interior más recóndito y reconoce: la unicidad con Dios es la inmortalidad.

La auto-conciencia continua conduce al silencio interior. En esta fuerza del silencio interior, se manifiestan una gran la paz y dicha.

Destruye con la espada de la conciencia cristalina toda dualidad.

antente con tus pensamientos únicamente en lo que estás presentemente haciendo, sin perderte en el pasado o en el futuro.

La erótica espiritual es armonía de las almas y solo es posible mediante la consecución de una conciencia meditativa.

El verdadero amor significa ser uno y al unísono con otra persona.

Porque si estás lleno del Amor Divino, estás en armonía con todos los seres y con la plenitud que todo lo abarca del Ser.

El sabio que ha alcanzado un conocimiento perfecto de su Ser Verdadero está lleno de dicha interior y gobierna sin restricciones su pensamiento.

Él experimenta el mundo como compuesto solamente por la Conciencia, por lo tanto él tiene conciencia en todo momento de su universalidad. Él ve el universo al completo como el espacio de su propia conciencia.

Deja tu mente en relajada no-intencionalidad sin esfuerzo y contempla con atención concentrada todos los pensamientos emergentes en su naturaleza vacía, sin suprimirlos ni corregirlos.

Si no alteras artificialmente tu mente, está tranquila y clara. Por lo tanto, déjala relajada en su estado natural, sin ninguna intención, en vasta apertura de puro Ser.

Para tu conciencia de la corriente habitual de pensamiento para que toda confusión y distracción desaparezcan y para que la mente esté tranquila y diáfana y se calme por sí sola.

Todos los estados agradables, neutros y desagradables de la mente, y las emociones son la energía dinámica de la mente y se disuelven mediante reposo natural en la pura autoconciencia.

Tu Verdadero Ser no puede ser reconocido por el conocimiento. Cuando todo pensamiento y juicio cesa, es como si las olas del océano se hubieran detenido.

La mente despejada es transparente y libre de ilusiones. Experimenta toda la existencia como la Realidad única que se revela Ahora-Aquí.

La naturaleza de la Mente y la naturaleza de las cosas es una. Puesto que la luz de la Mente es la naturaleza de todas las cosas, el apego a las cosas se disuelve en cuanto reconoces la verdadera naturaleza de tu mente.

La verdadera naturaleza de tu mente es la consciencia diáfana y clara. Alcanzar plenamente esta radiante consciencia significa la liberación y el retorno a tu Esencia Original y Verdadera.

La meditación conduce tu mente al descanso. A través de la tranquilidad mental, llegas al aislamiento. Mediante el aislamiento completo de la mente, penetras en tu esencia más interno, la Naturaleza-Buda original.

A través de la verdadera percepción de la Naturaleza propia original de tu mente, te conviertes en un iluminado: un Buda.

Los Corazones de dos amantes se llenan en su interior del anhelo de disolverse por completo en el amor puro del Ser Divino.

El amor es el anhelo de la unidad. El amor más elevado conduce a la unidad eterna con Dios.

Todos los despertados a la realidad experimentan a Dios como luz. Cuanto más experimentas tu Verdadero Sí-Mismo, más recibes la luz divina.

Mediante la meditación completamente devota, se prepara el surgimiento de la luz interna hasta que, de repente, irradia y experimentas tu Verdadero Sí-Mismo como el Ser eterno que todo lo abarca.

Cuando la mente regresa a su origen y entra en la dimensión de la eternidad atemporal, entonces existe por sí misma y es completamente indivisa en sí misma. Así, todo error y engaño del ego se desvanece, y la mente se experimenta como el Verdadero Sí-Mismo inmortal.

La conciencia realizada, que se ha abandonado a sí misma y a todas las cosas interiores, se transforma en la radiante luz divina y se experimenta como la única realidad inmortal.

Impreso en Alemania

Edición de imágenes: Reinhard Zanella, Sandro Hölzel

Tipografía/maquetación: Jörg Zimmermann

Diseño de la portada: Michel Schmidt

Herstellung und Verlag:
BoD - Books on Demand, Norderstedt

ISBN 978-3-752670-85-1

Zensho W. Kopp, nacido en 1938, es uno de los maestros espirituales más autorizados de la actualidad y enseña una vía contemporánea de realización espiritual.

Autor de renombre internacional y con numerosos libros espirituales y audiolibros, enseña a una gran comunidad de estudiantes y dirige el centro Zen Tao Chan en Wiesbaden, Alemamia.

Tao Chan Zentrum e.V., Asociación sin fines de lucro, Wiesbaden, Alemamia.

Velada Zen abierta al público: dos veces al mes, el Centro Zen Tao Chan de Wiesbaden organiza una velada Zen abierta al público bajo la dirección del Maestro Zen Zensho W. Kopp.

Información e inscripción: **www.tao-chan.org/es** así como **www.facebook.com/zensho.w.kopp** y vídeos Zensho **www.tao-chan.org/es/maestro-zen-zensho/videos.html**

Créditos de las imágenes

**para más créditos de imágenes, ver libro
"La vida desde la plenitud interior"**